È ORA
DI BUTTARSI!

IL JOURNAL

Francesca
Amara

È ORA DI BUTTARSI!

La guida definitiva al dating

MONDADORI

Prima di tutto: buttarsi

Come smettere di farsi menate e fare il primo passo

Perché no?

È difficile fare il primo passo, fa paura. Ma chi l'ha detto che questo difficile compito debbano prenderselo sulle spalle solo gli uomini? Anche loro hanno paura, si sbilanciano, eppure si buttano molto più di noi donne. Questo modo di pensare, secondo me, va cambiato. Se un ragazzo mi interessa, perché non dovrei mostrarglielo, essere genuina e sincera e fare il primo passo? Che cosa temo che succeda? Personalmente ormai sono abituata, cerco i ragazzi che mi piacciono su Instagram – sono meglio di Sherlock Holmes – ed esordisco con un semplice «Ciao, ci prendiamo un caffè?»; o, ancora meglio, con un «Ciao, usciamo a cena?» lineare, diretto: dimostra interesse, è sincero, senza manipolazioni. E questo mio modo di fare è sempre stato molto apprezzato dall'altra parte, perché è bello ricevere interesse, capire di piacere, non avere schermi o paranoie varie. Dice qualcosa di forte anche senza dire nulla. E sposta subito la relazione dalla vita virtuale, su un telefono, alla vita in carne e ossa: vedersi dal vivo è un'altra cosa e prima lo si fa, meglio è. Anche chiedere «Ti posso chiamare?», se avete voglia di sentirlo in quel momento, è un bell'approccio: sposta subito il corteggiamento su un altro livello, fa percepire un interesse genuino e perfino una certa dose di coraggio.

Anche una donna corteggia. Ed è affascinante corteggiare e scoprirsi in una veste nuova. È quello che sponsorizzo con fermezza: buttati! Fa paura, ma è anche bella l'adrenalina che dà, è divertente. Non lasciamo tutto il divertimento agli uomini. E se va male, non casca il mondo, hai una bella storia da raccontare. Vedrai che ti stupirà quanto anche ai ragazzi piaccia ricevere questo tipo di attenzioni.

Quindi, vai: chiama le tue amiche a cui hai fatto una testa tanta con 'sto tipo per comunicare loro la tua decisione, fatti coraggio, apri Instagram, TikTok o WhatsApp e manda quel messaggio. Poi chiudi tutto e lancia il telefono lontano. È fatta, goditi il risultato.

ESERCIZIO

Quella volta in cui...

Quest'esercizio è facile facile: ripercorri le tue ultime tre "prime uscite" e scrivi qui chi ha fatto il primo passo, dove vi siete conosciuti e come.

1) ______________________________

____

Primo passo: [IO] [LUI] ______________________________

____

Dove: ______________________________

____

Come: ______________________________

____

____

2)

Primo passo: IO LUI

Dove:

Come:

3)

Primo passo: IO LUI

Dove:

Come:

Ora, indipendentemente da come, poi, si sono rivelate queste persone, perché hai fatto la bambola o hai fatto tu il primo passo? Secondo te, i ruoli avrebbero potuto essere invertiti? Che cosa ne pensi?

Il racconto della Lupa

Questa storia risale a un po' di tempo fa. Voglio raccontarti un episodio che mi ha fatto diventare la donna che sono ora, intraprendente, che si butta – insomma, "la Lupa" –, della prima volta in cui ho fatto il primo passo per avvicinare un ragazzo e di quando ho capito che non succedeva nulla a rischiare un po' – e che, anzi, questa cosa piaceva.
Sono al bar con le mie amiche e mia cugina a fare un aperitivo e noto che vicino a noi c'è un tavolo a cui è seduto un ragazzo che mi piaceva assai. Mi piace tantissimo a prima vista, così inizio subito a pensare a come avvicinarmi. Quando vedo che si alza, lo faccio anch'io e trascino mia cugina a prendere da bere al bancone del bar, esattamente dove stava andando lui. Ci avviciniamo, ci scambiamo uno sguardo, io muoio d'imbarazzo e me ne torno al tavolo, sconfitta. Chiedo aiuto alle mie amiche e mi consigliano di andare da lui diretta, rivolgendogli un semplice «Ciao!». Ero in paranoia, volevo farlo, ma mi vergognavo, poi ho pensato: *Alla peggio che cosa può succedere? Che prendo un palo?* Pazienza. Le figuracce sono altre: mostrarsi scortese, essere presuntuosi, non far sentire l'altro a proprio agio, rispondere male, e potrei continuare, ma non è questa la sede. Prendere un palo, in fondo, è normale! Se va male, hai comunque una storia divertente da raccontare: fallo per il meme.

Quindi vado.

Mi avvicino, rossa in viso ma determinata, mi metto dietro di lui, e resto immobile come una statua; poi schiarisco la voce, lo guardo e gli dico: «Ciao!». Lui rimane, sulle prime, basito, ricambia il saluto e ci mettiamo a parlare.

Ha funzionato!

Dopo un po' mi dice: «Che bello che sei venuta a salutarmi, ci stavamo guardando da un po', in effetti, e anch'io avrei voluto avvicinarmi a te». Eppure sono stata io a fare il primo passo, e questo ha un valore.

Dedicare tempo

Dedicare del tempo a conoscere qualcuno, andarci a cena, farci una telefonata vuole anche dire andare oltre le apparenze e il primo impatto per capire davvero chi sia la persona che hai davanti. A volte fare il primo passo significa potersi avvicinare e infondere sicurezza a chi è un po' insicuro o molto timido, dandogli così una possibilità di stupire. Finché non gli dai questa possibilità, non saprai mai il mondo che nasconde dentro: sii pronta a farti sorprendere.
E nel caso in cui tu che sei in ascolto e mi stai leggendo sia timido, ricorda sempre che sei a un appuntamento, non a un colloquio con la NASA. Lasciati andare, fai quella battuta in più, che può succedere nella peggiore delle ipotesi? Non piaci? Pazienza, arriverà di meglio, intanto ci hai provato.

ESERCIZIO

Pick up lines

A volte pensare troppo è controproducente. Ecco alcune frasi già pronte da copiare, incollare e inviare senza troppe riflessioni.

- ✦ Bello oggi pomeriggio, che fai?
- ✦ Ci prendiamo un caffè?
- ✦ Sei occupato, ti chiamo?
- ✦ Oggi mangiamo un dolce insieme?
- ✦ Secondo me, dobbiamo organizzarci per vederci!

Ora tocca a te

Scrivi adesso tu, qui sotto, tre frasi adatte a rompere il ghiaccio con un ragazzo che ti piace.

Bene, ora hai ben otto frasi a disposizione: una che ti piace ci sarà, no? E se non c'è, pazienza, sceglìne comunque una e mandala per davvero. Fai un bel respiro, apri Instagram, WhatsApp, Telegram o l'app che usi di solito e vai. Poi chiudi il telefono e non guardarlo più per almeno un'ora. Se ti viene la tentazione di controllarlo ogni cinque minuti, ecco alcune attività che potresti fare in alternativa:

1) leggere le altre pagine di questo libro;

2) chiamare una tua amica per convincerla finalmente a lasciare il malessere che frequenta;

3) fare mezz'ora di esercizi per rassodare gli addominali;

4) mettere su una tisana e provare a meditare, visualizzando come vuoi che vada la tua serata;

5) guardare un programma trash mentre pensi a quanto dovresti studiare ancora per il prossimo esame.

ESERCIZIO

Worst case scenario

Gli mandi quel messaggio diretto, ma a lui proprio non interessi. E quindi?
Ti risponderà in modo evasivo, ti dirà che è molto impegnato o, alla peggio, ti ghosterà. Insomma ti prendi un palo, succede! Sono sicura che ti sia già accaduto almeno una volta e probabilmente ti accadrà di nuovo. Sopravviverai tutte le volte e alcune diventeranno belle storie da raccontare – ne trovi una mia nel Capitolo "È ora di uscire".
Lascia andare le tue paranoie ed esorcizzale, mettendole nero su bianco qui sotto. Vedrai che, poi, avranno perso potere, e ne avrai acquisito tu.

ESERCIZIO

Che cosa conta davvero

Parte uno: conoscersi

Siamo tutte e tutti un po' superficiali e, a prima vista, c'è sempre qualcosa che può non piacerci o attirarci. L'importante, però, è conoscersi e saper andare oltre questa superficialità per entrare davvero in contatto con una persona.
È il momento di guardarsi dentro: racconta qui, con totale onestà, quali sono le cose un po' esteriori che noti in un ragazzo.

Parte due: come mi conoscono

Sei stata onesta con te stessa? Che cosa ne pensa chi ti conosce davvero?

Lascia questo libro a qualcuno che ti conosce da tanto e di cui ti fidi e chiedigli di scrivere qui sotto quali sono, viste da fuori, le tue caratteristiche un po' superficiali.

Mi raccomando, questo è un esercizio per conoscersi: chiedi alla persona che lo sta facendo con te di essere sincera al massimo. Vietato offendersi, è per il tuo bene!

Parte tre: andare oltre

Ora che hai guardato dentro te stessa, prima da sola e poi con l'aiuto di qualcuno, vai oltre.

Scrivi qui quali sono, invece, gli aspetti e le caratteristiche che contano davvero per una connessione profonda: insomma, quello che cerchi in un ragazzo che vada ben oltre il superficiale.

CARA LUPA

Il tuo racconto

Racconta qui della volta in cui hai fatto il primo passo oppure di quando non lo hai fatto e te ne sei pentita. Raccontami proprio di quel ragazzo che ti piace tanto, per il quale stai cercando di trovare il coraggio di farti avanti.

La donna sicura di sé

Il tuo trucco più bello è la fiducia in te stessa

Giornate no

Ci sono giornate in cui ti guardi allo specchio e vedi solo difetti: un brufolo nuovo, le occhiaie più profonde del solito, una ciocca che proprio non vuole stare a posto. Ti sembra che tutti i vestiti ti cadano male e continuano a venirti storte le linee dell'eye-liner. Insomma, hai capito: giornate in cui ti fai schifo e la tua autostima è sotto i piedi.

Alla Lupa succede più spesso di quanto vorrebbe, te l'assicuro. Mi guardo allo specchio e penso solo: *Sei brutta*. Mi sento un nodo sullo stomaco e non vorrei vedere nessuno.

Ecco, sono proprio quelle le giornate in cui devi uscire ancora più convinta di te, a testa alta, sfidando il mondo! Perché queste para-

noie sono solo nella tua testa, sei la stessa del giorno prima, come di un mese fa. Devi solo convincertene. E vedrai che, in quell'esatto giorno in cui ti sei svegliata storta, riceverai più complimenti del solito. Nessuno noterà quello su cui ti soffermavi tu, nessuno ti vedrà diversa dal solito: o magari sì, ma in meglio. Te lo garantisco.
E metti anche il caso in cui davvero hai qualcosa che ti rende meno attraente del solito: ma a chi hai davanti che cosa interessa? Credi davvero che prevalgano le occhiaie per una brutta nottata sulla tua intelligenza e su quello che hai da dire? Le persone cattive e superficiali ci saranno sempre, ma a te che cosa interessa di loro? E perché le consideri? Ignorale e passa oltre. Confrontati con chi sa valutarti per quello che sei e non per un eye-liner messo di fretta.

Inadeguata

Noi donne viviamo di paragoni e inadeguatezza.

Tutte si sono sentite così. Siamo anche queste, siamo tutte sorelle.

Io lo racconto perché ho il mezzo per poterlo fare, arrivando a tante ragazze. Ma ti faccio due domande: "inadeguata" rispetto a chi? Da che punto di vista?
Non credo ti metterai a paragonare ogni successo, a partire dalla prima elementare e in ogni ambito, con quella ragazza che in me-

tropolitana ti sembra aver fatto un contouring perfetto, mentre tu non hai nemmeno avuto il tempo di mettere il mascara, no? Quindi direi che non ha senso sentirsi inadeguata, tu sei tu e sei magnifica per questo.

STOP, basta paranoie, vai avanti.

Passa oltre la tua insicurezza e mostrati fiduciosa in te stessa e fiera, ma non del trucco, di chi sei davvero dentro: tutto il resto è inutile. Guardati con gli occhi dolci con cui guarderesti una cara amica, abbi parole gentili per te stessa nella tua interezza, nella tua complessità. Con o senza trucco, in tuta o tirata da gara, tu sei tu, e chi ti conosce lo sa. Punto.

ESERCIZIO

Le cose che non mi piacciono e quelle che mi piacciono

Spesso siamo capaci di fissarci talmente tanto su alcuni aspetti che proprio non ci vanno giù del nostro corpo, del nostro carattere o di come siamo fatti che arriviamo a considerarli più importanti di quello che sono. Se, tuttavia, troviamo il coraggio di dirli ad alta voce o, ancora meglio, di metterli nero su bianco, possiamo renderci conto di quanto siano insignificanti rispetto all'unicità della persona che siamo.

Scrivi qui le tre cose che proprio non ti piacciono di te:

Ora scrivi le tre cose che ti piacciono di te:

Adesso chiediti se le cose che non ti piacciono sono veri punti deboli o meno oppure, piuttosto, sono solo dettagli che ti rendono, invece, unica.
Dai poi uno sguardo alla lista delle cose che ti piacciono: come puoi valorizzarle? Sono sicura che lo fai già più spesso e meglio di quanto credi!

ESERCIZIO

Worst case scenario

Qual è la cosa peggiore che può succedere?

Che lui ti saluti, si scosti un po' da te, ti osservi con attenzione il volto e ti dica: «Però, hai sbagliato a mettere la matita, l'occhio sinistro è più carico!»; oppure «Caspita, questo brufolo non lo hai coperto bene con il correttore»; o, ancora: «Che brutti sandali, non potevi mettere i tacchi?».

Sei seria? È mai successo a qualcuna che conosci? Ti sembra davvero plausibile?

Eppure, se fosse plausibile e se succedesse, direbbe qualcosa di te o della persona che ti sta comunicando queste cose fuori dal mondo? Vuole farti, per caso, lui il trucco la prossima volta? Pensa che bello, hai fatto tombola: stai uscendo con un make-up artist, non dovrai mai più farti un trucco in vita tua!

Vediamo un po': che cosa mai potrebbe succedere di terribile al primo appuntamento?

Lascia andare le tue paranoie ed esorcizzale, mettendole nero su bianco qui. Vedrai che, poi, avranno perso potere, e ne avrai acquisito tu.

Il racconto della Lupa

Ovviamente è successo anche a me. Te lo racconto.
Tempo fa, ho partecipato a una riunione di lavoro a Milano in cui era prevista una prova abiti, quindi ero andata vestita nel modo più semplice possibile: leggings e maglietta oversize, ovviamente struccata per non macchiare nulla. Uscita dalla riunione, ho preso il telefono e trovato un messaggio di un ragazzo che, all'epoca, mi interessava molto e che viveva appunto a Milano: mi proponeva di prenderci un caffè vicino al mio albergo da lì a mezz'ora.

Volevo impazzire!

Desideravo andare, ma ero impresentabile. Ho fatto il conto velocemente: rientrare in albergo, prepararmi, uscire e andare all'appuntamento. Odio essere in ritardo e quindi avrei avuto al massimo dieci minuti in camera per farmi una doccia e prepararmi.

Impossibile.

Ho comunque accettato. Sono entrata in albergo e mi sono resa conto che i dieci minuti nemmeno li avrei davvero avuti, dovevo uscire immediatamente. Niente doccia, niente cambio abiti, mi sono lavata i denti, ho dato una pennellata di blush alle guance, mi sono infilata in borsa un gloss labbra e via fuori. In ascensore ho mandato

un messaggio vocale alle mie amiche: *Sono orribile, ho i capelli in disordine, sono vestita a caso, ho uno zainetto e non sono truccata, io gli dico che ho avuto un imprevisto e non vado, non posso presentarmi così!*
Hanno dovuto convincermi in tutti i modi ad andare, mi hanno praticamente obbligata anche se a distanza. E hanno fatto bene. È stato un date bellissimo: da un caffè preso alle 15.00 siamo andati avanti fino alle 20.00, trasformandolo in un aperitivo. Abbiamo parlato, ci siamo davvero trovati bene e il tempo è volato. E mi ha fatto pure i complimenti, dicendo che ero bellissima, che avevo un'aura di serenità, di felicità, di "presa bene" che mi faceva bella, anche struccata e in tuta. E poi anche lui era in tuta, e a me non è minimamente importato!

ESERCIZIO

Puoi cambiarlo in trenta secondi?

C'è una "regola di gentilezza" che, un giorno, ho visto in un video e che trovo molto interessante: quando sei con qualcuno in un ambiente pubblico, che sia all'università, a una cena di gruppo, a un appuntamento o semplicemente per strada, fagli notare qualcosa solo se si può risolvere in trenta secondi. Per esempio, è gentile far notare a qualcuno che ha una guancia sporca, un bottone slacciato, il rossetto sui denti: sono tutti aspetti e situazioni che si possono risolvere velocemente. Altra faccenda è, invece, commentare il colore dei capelli, la forma fisica, la scelta dei vestiti: non sono cose che si possono risolvere sul momento, quindi il nostro commento serve solo a far sentire in imbarazzo o sminuire la persona, anche se abbiamo le migliori intenzioni.

Ti pongo, allora, una sfida: quando devi uscire, o sei appena uscita di casa, applica anche a te stessa la regola dei trenta secondi. Prova a lasciarti scivolare addosso tutte le paranoie su aspetti che non puoi più cambiare o che non sono in tuo controllo. Concentrati solo su quello che puoi davvero fare e scrivi qui di seguito che cosa cambieresti di te in trenta secondi (per esempio, essere gentile con chi incontri, cercare un argomento di conversazione interessante):

ESERCIZIO

Lo specchio degli altri

Scrivi qui i tuoi cinque migliori pregi. Passa, poi, questo libro a una persona a te cara, che ti conosce bene, e chiedile di scrivere – senza guardare quello che hai annotato già tu – quelli che ritiene siano i tuoi cinque migliori pregi.

1) ______________________________

2) ______________________________

3) ______________________________

4) ______________________________

5) ______________________________

1) ______________________________

____

____

2) ______________________________

____

____

3) ______________________________

____

____

4) ______________________________

____

____

5) ______________________________

____

____

Paragona i due elenchi. Che cosa ti stupisce di quello che ha scritto l'altra persona? Che cosa dice il tuo elenco di quello che pensi di te stessa?

ESERCIZIO

Migliorarsi sempre

Nessuno è perfetto, non lo sono io e non lo sei nemmeno tu. Questo è, quindi, il momento dell'autocoscienza, per cercare di essere persone migliori.
Guardati dentro con onestà e scrivi qui qual è quell'aspetto superficiale che continui a considerare importante in un date. Magari, la prossima volta, troverai il coraggio di ignorarlo e di guardare alla bella persona che hai davanti con meno filtri.

CARA LUPA

Il tuo racconto

Raccontami qui come ti senti prima di un appuntamento o quando conosci qualcuno di nuovo. Racconta di quella volta in cui ti sei sentita in imbarazzo e anche di quella in cui sei uscita di casa sentendoti *super confident*.

È ora di uscire

Il dramma del primo appuntamento può essere superato

Specchio delle mie brame

Il primo appuntamento porta con sé un carico emotivo importante: non è questione di essere superficiale o vanitosa – anche se puoi esserlo e non c'è nulla di male –, ma di concedersi il tempo per prepararsi, mettersi nel mood giusto, costruire la propria autostima. Quindi: prenditi il tuo tempo, non fare le cose di fretta – perché la fretta genera solo ansia –, calcola bene i tempi e preparati con calma, cura e attenzione. E fallo non perché lo devi a lui, ma come fosse una coccola nei confronti di te stessa. Vedi la preparazione come un rituale, dalla doccia fino al selfie finale mandato agli amici per condividere l'emozione del momento e ricevere un po' di complimenti che ti carichino.

Non esiste l'outfit giusto o quello sbagliato: vestiti nel modo che più ti piace, che ti fa sentire a tuo agio e questo si vedrà anche sul tuo viso, si ripercuoterà nei tuoi gesti, si esprimerà nella tua serenità. Indossa quell'accessorio che ti fa sentire bene o quel vestito nuovo che ti è piaciuto tanto quando l'hai adocchiato nel negozio. Prendila come un'occasione per vederti bella, e *chissenefrega* se hai lo stivale con i tacchi a una colazione o le sneakers in discoteca. A questo ci pensi più tu che il tuo date, te lo assicuro. Concentrati maggiormente sul posto in cui andrete rispetto alla mise che potrebbe piacere a lui: se gli piaci, gli piaci. Non sarà una borsa a cambiare le cose.

... e dove andiamo?

Vuoi il mio consiglio? Vuoi sapere quello che farei io a un primo appuntamento?

Uscite a cena. Così, direttamente, senza passaggi intermedi. Ci vuole tempo per conoscere davvero una persona, un luogo dove parlare, dove ascoltare, con comodo. Si parte all'antipasto con le solite domande di rito e si arriva al dessert avendo anche affrontato temi più profondi, a volte scomodi, perfino intimi, se trovi qualcuno di empatico e con cui stai bene. Oppure si arriva alla fine che ci si è annoiati a morte: beh, almeno sai che non è la persona giusta e non devi perdere altro tempo per scoprirlo! Se va benissimo, poi ci si può aggiungere un ammazzacaffè spostandosi da un'altra parte.

La cena proprio non ti convince? Ti sembra troppo impegnativa? Questo vuol dire che non sai ancora se lui ti interessa davvero.

In questo caso, basta un caffè veloce per capire se vale la pena conti-

nuare o meno: e se esci dal bar con la voglia e il desiderio di rivederlo, allora la cena andrà bene come secondo appuntamento!
La location assolutamente da evitare è la discoteca. O, comunque, qualunque posto dove non si riesca a parlare oppure, peggio ancora, in cui ci si trovi anche con altri, così un po' a caso. Intendo messaggi del tipo: *Vai anche tu a quella serata? Io vado con gli amici, becchiamoci!* Ecco, questo proprio no, non è un appuntamento. Gli appuntamenti si fanno in due e ci si parla. Se voglio andare a ballare e conoscere persone a caso senza parlarci, vado con le mie amiche direttamente e sto con loro. Vedersi in questo modo, a mio avviso, si trasforma in un appuntamento senza responsabilità e senza coraggio.

ESERCIZIO

Selfie

Sei pronta, sei bellissima e, se non ti fidi di me, scatta un selfie e mandalo a qualcuno con cui sei in confidenza e che a te tiene in maniera vera e autentica: chiedigli come ti trova e se cambierebbe qualcosa. Poi fai quello che ti ha suggerito ed esci di casa.

ESERCIZIO

Niente attese imbarazzanti

Può succedere di essere in ritardo, non è per forza segno di disinteresse. Certo, è scortese, ma a volte è dovuto a cause di forza maggiore.

Se ti capita di essere in ritardo, non dare per scontato nulla: ringrazia per la pazienza. Se, invece, è il tuo date a essere in ritardo, non arrabbiarti subito e non prenderla sul personale; soprattutto non fissare il cellulare o la porta del locale con ansia.

Siediti, rilassati, tira fuori questo libro dalla borsa e fai il crucipuzzle che ti propongo. Fai finta di essere tranquilla... anche se entrambe sappiamo che la tensione è a mille. E se ti dà proprio buca senza nemmeno avvisare, deve avere sul serio una buona ragione, altrimenti: "4 maggio" subito!

CALUPA

MALESSERE

QUATTROMAGGIO

PALO

BUTTARSI

GENUINITÀ

APPUNTAMENTO

AUTOSABOTAGGIO

J	B	P	Y	L	J	I	K	L	S	X	H	V	C
L	Q	U	A	T	T	R	O	M	A	G	G	I	O
X	F	Q	J	S	G	L	P	V	T	G	T	A	S
P	A	L	O	L	A	L	U	P	A	F	I	G	D
A	U	T	O	S	A	B	O	T	A	G	G	I	O
K	H	F	T	C	X	L	K	J	G	F	B	K	U
F	L	F	E	Y	U	R	P	R	E	E	I	V	V
A	C	T	I	E	W	Y	P	D	Q	C	I	K	L
M	A	L	E	S	S	E	R	E	X	S	Z	Q	G
M	G	E	N	U	I	N	I	T	À	Z	H	C	G
M	H	N	K	C	Q	B	U	T	T	A	R	S	I
J	N	S	Y	F	D	M	B	B	S	H	Q	D	F
P	G	G	U	X	L	H	N	R	E	I	X	U	S
A	P	P	U	N	T	A	M	E	N	T	O	X	R

Le cinque domande della Lupa

(Per una conversazione profonda e interessante anche se non ci si conosce bene.)

---

1) Hai qualche piccola passione che non c'entra con il tuo lavoro o con il tuo ambito di studi?

---

2) In che periodo della vita sei a livello sentimentale? Che cosa cerchi?

---

3) Come ti trovi nel tuo ambiente lavorativo/di studi? Quali sono le sfide maggiori che pone?

---

4) Che cosa ti piace di più di quello che fai?

---

5) Ti senti tranquilla in questa fase della vita o stai lavorando per risolvere qualcosa?

ESERCIZIO

Le tue risposte

Scrivi qui le tue risposte alle mie cinque domande: avrai così qualcosa di interessante e non banale da raccontare al tuo prossimo appuntamento.

ESERCIZIO

Le tue domande

Scrivi qui le domande profonde che senti di voler fare al tuo date. Che cosa ti piacerebbe sapere – ma, forse, non osi chiedere – della persona con cui esci? Devi trovarne almeno tre!

Il racconto della Lupa

A dire la verità, qui i racconti sono due. Uno decisamente breve e triste, l'altro più lungo e positivo. Iniziamo da quello triste e molto, molto rapido: volevo conoscere un ragazzo che mi piaceva, gli ho scritto, mi ha dato appuntamento in discoteca, ho storto il naso ma sperato in un improbabile momento di intimità al bancone. Una volta lì, l'ho trovato tra la folla: mi sono avvicinata, stava baciando un'altra. Sipario.

Mai appuntamenti in discoteca.

Passiamo ora al racconto felice. Quest'estate ho incontrato un ragazzo mentre ero in discoteca con le amiche: abbiamo scambiato qualche chiacchera, lui era molto bello, anche se non esattamente il mio tipo a livello estetico – alto, muscoloso, tatuato, mentre io sono più nerd; però mi piaceva e, a pelle, abbiamo avuto un ottimo feeling. Ci siamo lasciati i rispettivi contatti e ci siamo salutati. Il giorno dopo ho trovato un suo messaggio tra i direct:

Ciao, usciamo a cena?

Io sono rimasta sconvolta, mi aveva rubato la battuta! E che bella sensazione ricevere un invito così diretto.
Siamo andati a cena ed è andata molto bene. Il corteggiamento era

reciproco, abbiamo parlato tantissimo di argomenti genuini, delle nostre passioni, delle nostre paure: ci siamo messi in gioco entrambi senza pregiudizi o sovrastrutture, il tempo è volato e mi sono sentita davvero a mio agio.

ESERCIZIO

Worst case scenario

Uscite insieme e va tutto male. Arrivi in ritardo perché non parte il motorino. Il posto è orribile. Non riuscite a parlare. Tu non hai gli abiti adatti, ti fanno male le scarpe e, magari, ti viene pure il ciclo. E dire che lui sembra un così bravo ragazzo e ti piace tanto!

Beh, se è quello giusto, non gli peserà darti una seconda chance: vedrai che la volta successiva riuscirai a mostrargli la persona incredibile che sei. E, comunque, peggio di un appuntamento in discoteca con uno che bacia un'altra davanti a te, la vedo dura, no?

Lascia andare le tue paranoie ed esorcizzale, mettendole nero su bianco qui di seguito. Vedrai che, poi, avranno perso potere, e ne avrai acquisito tu.

CARA LUPA

Il tuo racconto

Racconta del tuo primo appuntamento ideale, di quella volta in cui la realtà ha superato le tue aspettative e di quando, invece, tutto è andato abbastanza male.

Ogni tanto va male

Una frequentazione non finita bene è sempre un'occasione per crescere

Ricevere il palo

E se non va solo male, ma va malissimo? Non gli sei piaciuta, può succedere, vuol dire che non era lui quello giusto per te. Meglio saperlo subito, no? Non si tratta di un giudizio sul tuo valore come persona, ma sul vostro rapporto, su quello che cerca lui: non rimanerci male.
Guarda il lato positivo: hai conosciuto una persona in più e ti sei arricchita, sei venuta a contatto con un mondo nuovo e hai potuto esplorare, hai fatto esperienza.
La persona giusta, che saprà riconoscere la tua bellezza interiore, arriverà. Promessa della Lupa.

Come dare il palo

Concentrati sui veri motivi per cui non vuoi continuare la frequentazione: non inventare scuse, non usare frasi fatte come «Non sei tu, sono io» oppure «Non ho tempo adesso».
Sii gentile, ma sincera, disponibile al chiarimento, ma ferma e risoluta. E soprattutto: non ghostare, mai. Anche la persona peggiore ha diritto a un «Non voglio più vederti» detto chiaramente, e vedrai che sarà catartico anche per te.
Usa le pagine seguenti per esercitarti a scrivere la frase perfetta per dare il palo.

ESERCIZIO

Va chiusa qui

Sai che devi chiudere la tua frequentazione, ma non riesci a deciderti? Se sei convinta che la persona che stai vedendo non sia quella giusta, è inutile tirarla per le lunghe. Scrivi qui i cinque aspetti e caratteristiche di lui che proprio non sopporti e rileggili finché non hai preso una decisione.

1) ______________________________

2) ______________________________

3) ______________________________

4) ______________________________

5) ______________________________

Ora, sempre tenendo presente che, quando si deve lasciare qualcuno, è preferibile optare per la sincerità e la chiarezza, scrivi qui, ispirandoti ai cinque punti scritti accanto, una frase breve, sincera ma empatica sul perché non è la persona giusta per te e dovete chiudere. Se non sai che cosa dire, ripensa all'elenco, mi raccomando.

Adesso prendi il telefono e scrivigli per fissare un appuntamento. Trova il coraggio di pronunciarle davvero queste parole, tutti e due starete meglio alla fine. È una promessa!

ESERCIZIO

Non mi risponde

Se gli hai scritto tu, gli hai chiesto qualcosa o, semplicemente, lo hai salutato e lui non risponde, la regola è una e una soltanto: non continuare a scrivergli. Se vorrà, ti risponderà, altrimenti si tratta di qualcuno che non merita le tue attenzioni.

La soluzione? Ecco a te un bel mandala: coloralo e rilassati al posto di pensare a lui e a che cosa scrivergli. Non insistere, ricorda. Colora il mandala.

ESERCIZIO

Sto meglio così

E se fosse meglio così? Ricevere il palo fa male, non c'è dubbio... ma se fosse un'occasione da leggere in positivo?
Scrivi qui di seguito i cinque difetti di chi ti ha dato il palo e magari capirai di aver scampato un pericolo!

1)

2)

3)

4)

5)

Il racconto della Lupa

A questo racconto darei il titolo: *La storia della Lupa e del fossile*. E se io sono la Lupa, puoi facilmente capire chi sia il fossile e perché sia stato un appuntamento disastroso.

Per fortuna era solo un caffè, anche se è stata una tortura per entrambi: per me una noia mortale; per lui – povero – un'interrogazione a cui ha fatto scena muta. Gli ho chiesto di tutto, dai suoi studi alla sua famiglia, dallo sport che gli piace praticare al segno zodiacale. Nada, non c'era verso, non parlava: un fossile, appunto.

Volevo sparire, volatilizzarmi dalla sedia. Lui era bellissimo, ma decisamente vuoto. Eppure, ho tenuto duro fino alla fine del caffè: lui è stato molto galante, ha pagato e io l'ho ringraziato e salutato con un «Ci vediamo in giro» che, tradotto, vuol dire:

«A mai più, fossile mio».

Mi è capitato anche di dover chiudere una frequentazione con qualcuno di squisito, interessante, che però non mi diceva nulla nel profondo, con cui non era scattato nulla.

Ecco, lì è più difficile.

Ho scelto, tuttavia, di essere chiara da subito, dopo pochi appuntamenti, nemmeno due settimane: gli ho chiesto di parlare e ci siamo visti in auto. Lì, con assoluta onestà e totale trasparenza, guardandolo negli occhi, gli ho detto quel che pensavo per davvero, cioè che lui era molto carino, ma non mi suscitava nulla e che preferivo chiuderla subito, prima che si illudesse ulteriormente.

Non è stato semplice, te lo confesso, c'è voluto coraggio, ma sapevo che sarebbe stata la decisione più matura per entrambi: questo mi ha dato la forza di sopportare le sue obiezioni e lamentele.

ESERCIZIO

I miei big no-no

Se per me il *big no-no* era il non avere nulla di interessante da dire, per te potrà essere qualcosa di diverso, ma ci sono sicuramente aspetti che, anche se non sono veri e propri difetti o red flag, ti fanno capire che quella davanti a te non è la persona giusta. Nessuno mette in dubbio che possa essere un bravissimo ragazzo o una ragazza meravigliosa, magari anche l'amore della vita, ma di qualcun altro, non il tuo.
Scrivi qui i tuoi cinque *big no-no*:

1) ______________________________

2) ______________________________

3)

4)

5)

CARA LUPA

Il tuo racconto

Che cos'hai imparato dall'ultimo palo che si sei beccata? C'è stato un "no", detto o ricevuto, che ti ha aiutata a capire meglio che cosa volessi e ti ha spronata a crescere? Raccontamelo qui.

Il malessere

Meglio perderlo che trovarlo

La filastrocca scaccia malessere

(Da ripetere tre volte prima di ogni appuntamento.)

Sciò, sciò, sciò,
malessere non ci sto!
Via, via, via,
non voglio 'sta malattia!

No ai malesseri

Il malessere non va normalizzato. Puoi riderci sopra, ma devi ricordare che non è da prendere alla leggera: tu non meriti di stare male quindi, se inizi a capire che stai frequentando un malessere, l'unica cosa da fare è il "4 maggio". E di corsa! Non girarci attorno, non accampare scuse, non essere nemmeno troppo vaga o accondiscendente: un "no" secco e via. Non merita nemmeno spiegazioni!

Da dove viene il "4 maggio"

Il 4 maggio, nel passato, era una delle tre date, insieme al 4 gennaio e al 4 settembre, in cui a Napoli si pagava l'affitto: si versavano, infatti, quattro mesi alla volta per tre volte all'anno.
Nel 1611, poi, il viceré Pedro Fernández de Castro decise di fissare in quella stessa data il giorno in cui i napoletani potevano traslocare o, peggio, subire lo sfratto. Per lui si trattava, in fondo, solo di indicare un giorno che, per comodità logistiche, permettesse di non intasare le strade con carri e carretti pieni delle cose dei napoletani. Insomma, un giorno di grandi cambiamenti, caos e trasformazione.
Con il tempo, questa usanza si è persa, ma è rimasto il mio modo di dire napoletano preferito, fare il 4 maggio, volendo intendere "andarsene", "cambiare vita", "traslocare sia fisicamente sia mentalmente". E ovviamente "lasciare una relazione che non va". Via, 4 maggio! Senza se e senza ma.

Il nostro 4 maggio

Ed eccoci qui: per spiegare il mio modo di dire, faccio riferimento a tutte noi donne che abbiamo preso dalle nonne napoletane il 4

maggio e lo abbiamo fatto nostro, rendendolo la nostra espressione in codice, il nostro linguaggio e gesto segreto per tirarci fuori dalle situazioni scomode. Un modo per parlare con le amiche, per darsi forza a vicenda, per ridere di un malessere e scappare.
Quando ho iniziato a fare Reel e a discutere del 4 maggio, non mi sarei mai aspettata di avere tutto questo successo. Evidentemente c'era bisogno di questo, di un modo per comunicare al volo qualcosa che sentiamo chiaramente e attraverso il quale tutte capiamo che cosa vogliamo intendere: ecco come fare il gesto universale che significa "scappa", "vai via", "salvami da questa situazione".

ESERCIZIO

Come riconoscere un malessere

Ci sono piccoli e grandi segnali che ti fanno comprendere che la persona che hai accanto non è quella giusta, che non vale la pena continuare, che è "un malessere", insomma.
Vediamo insieme qualche domanda che puoi farti e a cui rispondere sinceramente così da capire se stai uscendo con un malessere.

- Come si relaziona con le donne della sua vita? Come tratta la sua mamma, sua sorella, le sue amiche?

- Come parla delle altre donne? È sempre rispettoso anche quando non le conosce? Come commenta la loro estetica?

- Come tratta le persone che lavorano con lui o per lui? Colleghi, camerieri, baristi, anche il semplice portinaio?

- Ti ascolta? Gli interessa quello che dici? O parla solo di sé stesso?

- Come ti invita a uscire?

- Sembra sempre avere secondi fini quando fa qualcosa di carino?

- Con lui ti senti serena?

- Ti fa sentire importante e interessante o concentra tutta l'attenzione su di sé?

- Quante volte è arrivato in ritardo o ti ha dato buca? Che motivazioni ti ha dato?

- Si scusa quando ha torto?

Attenzione: questa non è una lista esaustiva e, se hai la sensazione che la persona con cui stai uscendo sia un malessere, confrontati e parlane con chi hai di più caro. Se il responso indica che stai uscendo con un malessere, sai che cosa fare. Via, 4 maggio!

Il galloccio del paese

Ti parlo, ora, di una tipologia specifica di malessere: il galloccio di paese. E attenzione, ogni comunità, che sia un piccolo paesino o un quartiere, ne ha qualcuno.

Questo malessere sembra desiderabile, ha molte ragazze che gli corrono dietro e, di solito, è di aspetto piacente, ma è vuoto, non ha contenuti, non ha anima: è solo una bella faccia. Spessissimo si crede molto importante e si sente con più ragazze contemporaneamente. Non ha rispetto perché pensa che tutto gli sia dovuto.

Non vale la pena mettersi le une contro le altre per un bel visino senza sostanza, quando magari c'è qualcuno di più giusto per te che ti aspetta più in disparte. Se piace a tutte, non è detto che ci sia un vero motivo, anzi probabilmente è solo apparenza e non riesce a tenersi una relazione seria.

Non farti abbagliare dalla sicurezza in sé che dimostra: dietro un grande ego raramente c'è un grande uomo. Fidati: 4 maggio.

ESERCIZIO

Perché mi piace

Ti piace davvero o è un galloccio sbattuto che ti ha fatto cadere nella sua trappola? Scrivi qui le cinque caratteristiche che ti attirano maggiormente di lui per capire se sono solo nella tua testa o relative al modo in cui si mostra al mondo, oppure se c'è qualcosa di più profondo:

1) ______________________________

____

____

____

____

____

____

____

2) ______________________________

____

____

____

____

____

____

3)

4)

5)

La storia della Lupa

Se devo essere sincera, a me questi personaggi danno molto fastidio, mi fanno impazzire: noi donne li abbiamo sorbiti per secoli, è ora di ribellarci e togliere loro potere.

Vanno zittiti e lasciati soli.

Tutte le volte in cui esco con un malessere e me ne accorgo, divento acida, sarcastica, lo prendo in giro, tendo a smontarlo e me ne vado il prima possibile. Ecco spiegato il motivo per cui non ho una storia personale diretta con un malessere, se non quella del mio cuore spezzato – che potrai trovare nel Capitolo "Il cuore spezzato".
Quando, invece, capita a una mia amica, mi arrabbio da morire! Forse divento eccessiva, ma cerco in ogni modo di aprirle gli occhi, di farmi ascoltare.
Tutte abbiamo le nostre fragilità ed è compito di chi ci vuole bene aiutarci a uscire da una situazione sgradevole.

ESERCIZIO

Intervento per salvare la tua amica

Hai un'amica che è caduta vittima di un malessere? Riunisci cinque persone che le vogliono bene e insieme compilate le frasi che ti propongo; poi, sempre tutti insieme, fategliele leggere, sperando che rinsavisca.

STAI CON UN MALESSERE PERCHÉ:

1) ______________________________

____

____

____

____

____

____

____

firma dell'amica/o che l'ha scritto:

2)

firma dell'amica/o che l'ha scritto:

3)

firma dell'amica/o che l'ha scritto:

4)

firma dell'amica/o che l'ha scritto:

5)

firma dell'amica/o che l'ha scritto:

CARA LUPA

Il tuo racconto

Raccontami di quella volta in cui hai lasciato che un malessere avesse troppa influenza su di te o di quando hai dovuto salvare una tua amica da una frequentazione con un galloccio.

Va bene o va male?

Come smettere di sabotarsi. O almeno provarci

Se la relazione va bene: no autosabotaggi

Continuare a chiederti se sei in una relazione sana può portarti ad avere dei dubbi anche quando non dovrebbero esserci, a cercare il pelo nell'uovo, all'autosabotaggio.
Non stare con un malessere non vuol dire stare con una persona perfetta: la relazione perfetta non esiste. Esiste la relazione che ti fa stare bene, nella quale ti senti valorizzata, che ti dà gioia. Ma i momenti difficili ci saranno sempre: quindi, se a fine giornata sei serena, se ti senti amata, non fissarti sulle piccole minuzie che non vanno. Non pensarci troppo: lascia andare i pensieri, senza fissarti. Dai fiducia all'altra persona.

Se ti concentri solo sugli aspetti che ti sembrano sbagliati, rimani paralizzata. Chiediti, invece, se si possono migliorare, da dove vengono, come lavorarci assieme. Parlane con lui: se ti ascolta e ti comprende, il primo passo è fatto. Se hai davanti a te una persona intelligente, infatti, ti saprà seguire nei ragionamenti e cercherà con te di capire le ragioni che ti portano a non star bene per sgonfiare le tue paranoie e per curare le tue ansie.
Lanciarsi in un'avventura nuova fa paura e tira fuori tutte le nostre insicurezze, ma se non lo vivi, non sai come potrà andare. Di' "no" alle profezie che si autoavverano: più pensi che andrà male, più sarai distante, fredda, spaventata, e questo porterà al disastro.

ESERCIZIO

Come capire se ti stai autosabotando

Valutare la relazione che si sta vivendo non è mai facile, ma è fondamentale sia per non restare incastrati in relazioni che non vanno sia per non buttare all'aria un rapporto che, invece, funziona. Se hai la tendenza ad autosabotarti, prova a uscire dal tuo flusso di pensieri e a mettere su bianco dei punti fermi: rispondi alle seguenti domande nel modo più sincero possibile.

- Come ti senti quando stai con lui/lei?
- Qual è il suo peggior difetto? Da uno a dieci, quanto valore gli dai nella vostra relazione?
- Qual è il suo miglior pregio? Da uno a dieci, quanto valore gli dai nella vostra relazione?
- Hai la concentrazione rivolta sulla relazione o c'è altro che ti occupa la testa? A chi/che cosa stai pensando davvero?
- È il momento giusto per una nuova relazione?

ESERCIZIO

Pro e contro

Ora, bella, siediti, facciamo una semplicissima classifica. Nelle prossime righe scrivi pro e contro di lui/lei? Della vostra relazione e del modo in cui ti fa sentire.

ESERCIZIO

Mi da fastidio davvero?

Parte uno: come ti sembra la situazione

Descrivi qui il comportamento dell'altra persona che trovi molto fastidioso. Mettendolo nero su bianco, ti sembra qualcosa di tanto importante? Se lo facessi leggere a qualcuno, ti darebbe ragione?

Parte due: come sembra all'esterno la situazione

Bene, ora fallo leggere davvero a un'amica e falle scrivere qui di seguito che cosa ne pensa.

ESERCIZIO

Visti da fuori

Lascia questo libro a una persona a te cara e falle scrivere qui come vi vede da fuori. Non darle indizi, non suggestionarla, chiedile di scrivere i pregi e difetti della vostra relazione e qualche considerazione.
Quando avrà terminato, fra le mani avrai uno strumento importante per capire se i dubbi sono tutti nella tua testa o qualcosa non va davvero.

La storia della Lupa

Ho, innata, una forte tendenza al sabotaggio, lo ammetto. Hai presente quando una persona fa per te, ma trovi sempre qualcosa che non va? Ecco, è parte di una mia insicurezza. Ci sto lavorando e cerco di non fissarmi sulle paure, cogliendo il bello di una storia, ma non è sempre facile.

Una volta mi sono proprio fatta scappare un ragazzo d'oro, con il quale sarebbe potuta nascere una bella relazione, perché mi sono autosabotata. Ho avuto paura e l'ho lasciata vincere.

Il problema a cui mi sono attaccata per sabotare questa relazione è stato la distanza: lui abitava in un'altra grande città italiana e io ho deciso che una relazione a distanza non fosse fattibile. Eppure, esistono i treni, gli aerei, la macchina; avremmo potuto alternarci e vederci praticamente ogni settimana. Anche stando nella stessa città avremmo potuto vederci poco, no? Dipende dalla volontà. Beh, personalmente l'ho fatto diventare un problema prima che lo fosse davvero, non mi sono buttata. Ho perso l'occasione di vivere una bella cosa.

Oggi siamo amici, ci vogliamo molto bene ed entrambi abbiamo qualcun altro di speciale con cui siamo felici. Tutto è bene quel che finisce bene, ma rimarrà per sempre il dubbio di come sarebbe potuta andare perché non lo abbiamo provato.

E certi treni passano una sola volta. Ma adesso, dopo quell'amarissima esperienza, mi sto godendo un'esperienza nuova, emozioni belle e STOP.

ESERCIZIO

Tutto bene?

Se ti autosaboti, magari un motivo c'è: fai un check con te stessa su che cosa non va anche fuori dalla relazione.

CARA LUPA

Il tuo racconto

Ti è già successo di autosabotarti? Hai vissuto delle relazioni che non andavano perché tu, *in primis*, non volevi farle andare? Quale occasione hai perso e per cui adesso ti mangi le mani? Raccontami.

Il cuore spezzato

Per guarire, riparti da te stessa

Relazione tossica

Quando ci troviamo in una relazione che non funziona, ci trasformiamo, diventiamo diverse per l'altro, spesso trascuriamo tutti i segnali – le famose "red flag" –, e ci adattiamo pur di inseguire un ideale, un sentimento così forte da allontanarci da noi stesse e dal nostro benessere. La cosa più importante diventa compiacere il partner per evitare che la storia finisca: subentra la convinzione di avere il potere di cambiare l'altra persona o, peggio, che sia colpa di un nostro atteggiamento se si comporta male. L'insicurezza la fa da padrona, si perde la propria identità nella relazione. Quindi si cerca di essere perfette. Lo so perché ci sono passata: può capitare a chiunque, persino alla Lupa, perché è una cosa che rende irrazionali.

Ieri eravamo abbracciati e oggi non ci conosciamo più: è doloroso, è un lutto. Ma serve per rinascere. Quell'abbraccio non era un abbraccio sano, ed è meglio sole che con un malessere.
La relazione finisce, sì, ma non finisce il mondo. Tu continui a vivere; anzi, torni a vivere dopo il buio, dopo la tristezza. E sarai più consapevole perché questa esperienza dolorosa ti avrà lasciato gli strumenti per non caderci di nuovo. Saprai che cosa cercare in una futura relazione: sicuramente un amore coinvolgente ma non morboso, per cui non dovrai annullarti. Vorrai fiducia, rispetto, comprensione, dolcezza, libertà. Ripenserai, allora, a quel malessere e a quanto hai pianto per lui; e ti sembrerà perfino di non crederlo possibile. Dovrai, però, ringraziare la persona che eri, perché è passata attraverso tutta quella sofferenza per dare vita alla nuova te. Non puoi cambiare quel che è stato, ma puoi creare una nuova te del futuro che conosce il proprio passato e da questo ha imparato.

Relazione sana VS Relazione che non va

Non è sempre semplice saper distinguere quelli che sono i normali momenti difficili in una relazione felice e quelli che, invece, indicano che le cose proprio non vanno. Un singolo episodio non ci dice nulla, è essenziale mettere insieme i puntini.

In una relazione sana...	In una relazione che non va...
... si litiga – eccome –, ma non si ha paura di discutere e delle conseguenze. Una discussione porta a cercare di risolvere le cose che non funzionano.	... ogni litigio mette in discussione l'intera relazione, ma le cose non cambiano mai nel profondo.
... entrambi i partner si sforzano di capire il punto di vista dell'altro, si mettono in discussione.	... l'obiettivo è solo avere ragione e sentirsi superiore all'altro.
... ci si sente valorizzati, ci si vede più belli attraverso gli occhi dell'altro. Le critiche sono costruttive e, comunque, sempre improntate al benessere proprio e dell'altro.	... non ci si piace, non ci si prende cura di sé stessi, non ci si interessa più del modo in cui si appare al mondo perché chi si ha accanto tende a sminuirci e a farci sentire inferiori.

ESERCIZIO

A bruciapelo

Metti un timer di trenta secondi per ognuna delle parti di questo esercizio e non sforare, mi raccomando. Devi scrivere di getto, senza filtrare troppo quello che provi con la razionalità.

Parte uno: che cosa pensi della tua relazione

Scrivi qui le prime cinque parole che ti vengono in mente quando pensi alla tua relazione.

Parte due: che cosa pensi del tuo partner

Scrivi qui le prime cinque parole che ti vengono in mente quando pensi al tuo partner.

Parte tre: che cosa pensi di te stesso/a

Scrivi qui le prime cinque parole che ti vengono in mente quando pensi a te stessa.

ESERCIZIO

A bruciapelo per gli altri

Come per l'esercizio precedente, imposta un timer di trenta secondi per ciascuna delle due parti da completare. Questa volta, però, a rispondere non sarai tu, bensì una persona che ti conosce bene già da prima dell'inizio della tua attuale relazione.

Parte uno: che cosa pensi del tuo amico/della tua amica pre-relazione

Scrivi qui le prime cinque parole che ti vengono in mente quando pensi a com'era la tua amica o il tuo amico qualche anno fa, prima della relazione.

Parte due: che cosa pensi del tuo amico/della tua amica oggi

Scrivi qui le prime cinque parole che ti vengono in mente quando pensi a com'è la tua amica o il tuo amico adesso.

Confronta le liste, che cosa noti? Come ti sembra di percepirti dentro questa relazione? E come vieni percepito/a dall'esterno?

La storia della Lupa

Quando una mia follower mi ha contattata e mi ha mandato la foto che immortalava il mio ragazzo di allora con un'altra, devo ammettere che una parte di me si è sentita sollevata. Era da tempo che avevo dei sospetti e che quella relazione non mi rendeva più felice: finalmente ho avuto una motivazione forte per chiudere e per affrontare le mie paure, potendo così dare un taglio netto a tre anni e mezzo di rapporto in cui io non mi sono mai sentita serena.

Pur di avere lui accanto, ho sopportato tanto e chiuso gli occhi su troppe cose: numerose bugie, comportamenti manipolatori, grandi quantità di lacrime, molto malessere. Quando litigavamo, riusciva sempre a dare la colpa a me: ero io che perdevo subito la pazienza; se diceva una bugia, l'aveva detta perché io lo avevo costretto, perché gli ero sempre addosso, perché non lo lasciavo mai libero e perché lo giudicavo su tutto. Mi definiva "esagerata", anche "pazza" a volte. Poi i toni si calmavano ed ero perfino io a scusarmi per aver alzato la voce, a chiedergli di fare la pace, a minimizzare il tutto, dicendo: «Ci siamo arrabbiati, abbiamo detto cose che non pensiamo».

La verità è che, nonostante tutto, mi sentivo legata all'idea di avere qualcuno con me e quel qualcuno era un malessere: mi è servito avere davanti agli occhi le prove del tradimento per trovare la forza di tagliare, per disinnamorarmi e capire che dovevo mettere me stessa al primo posto. È stato doloroso, terribile, ma sono riuscita a rinascere. La nostra relazione era tossica da molto prima che lui iniziasse a tradirmi e numerose volte ho pensato di lasciarlo, ma non ne ho avuto la forza: ci è voluta la doccia fredda della realtà, ho avuto bisogno della foto del tradimento.

Ero a Napoli, avevo già deciso di metter fine alla nostra convivenza e di tornarmene nella mia città. Il tentativo di vivere insieme a Venezia era stato fallimentare: non stavo bene, conoscevo solo lui in quel posto e le mie giornate ruotavano esclusivamente attorno a quello che facevamo insieme. Ero frustrata, arrabbiata, sola. Ero una persona svuotata, non sapevo nemmeno più che cosa volessi davvero. Eppure, nonostante questo, nonostante tutto, non ero ancora pronta a lasciarlo. In quel momento così buio, mi è arrivata la foto e ho deciso che era il momento del "4 maggio", dovevo chiudere.
Sono tornata a Venezia con mia mamma per riprendermi tutte le mie cose – spoiler: mai avuto indietro il resto dei miei vestiti: da lì mi sono imposta di ricominciare a mettermi al centro.
Non è stato facile: all'inizio sono stata molto arrabbiata con lui, ho chiesto che mi restituisse tutte le mie cose, ho preteso che mi chiedesse scusa. Non sapevo nemmeno io in che modo, ma volevo vendicarmi, lo odiavo. Poi, grazie anche alla terapia psicologica, ho capito che, così facendo, gli stavo dando ancora potere su di me e, pian piano, ne sono uscita. Ho rimesso il *focus* sul mio lavoro, sulle mie amicizie, ho cercato casa, mi sono iscritta in palestra, ho ripreso a uscire, a viaggiare. È stato come riscoprire la felicità dopo anni di buio: un parco giochi meraviglioso. Non mi sono più sentita inadeguata, ho iniziato ad amare me stessa, ma sopratutto il mio corpo, che avevo punito per un po'; perfino la mia personal trainer e la mia nutrizionista sono state molto fiere di me... ok, troppo DOLL CE? Il vuoto lasciato dalla relazione l'ho riempito con tantissime altre cose belle che mi davano davvero gioia. NON DIRMI CHE TI SEI COMMOSSA!
È uno spazio sicuro, quindi, sì, risorgerai!

Come risorgere?

Non è mai semplice, non c'è una soluzione miracolosa per un cuore spezzato, servono tempo, cura e amore. Qualche trucchetto, tuttavia, può aiutare. Ecco i consigli di una che ci è passata.

1) Valuta l'aiuto di un professionista, la terapia è fatta anche per affrontare questo tipo di momenti dolorosi.

2) Fai pulizia fra i tuoi amici: l'amico vero è chi ti sta accanto soprattutto nei momenti bui, non solo in quelli gioiosi.

3) Non stare da sola, cerca di avere sempre qualcuno attorno.

4) Se te la senti, sii presente per gli altri. A volte, quando sembra che la propria vita vada a rotoli, aiutare gli altri può far stare meglio.

5) Non precluderti nulla: esci di casa, fai viaggi. Anche se sei da sola, non lasciare che questo ti limiti, anzi, goditi la libertà di non dover rendere conto a nessuno.

ESERCIZIO

Che cosa mi fa stare bene

Che sia un bagno caldo, un comfort food, una persona, un film, qualsiasi cosa, trova almeno tre cose che ti fanno stare bene. Scrivile qui di seguito e poi... falle!

1)

2)

3)

La persona giusta al momento sbagliato

Subito dopo aver chiuso la mia relazione tossica, anche se non stavo bene emotivamente, mi sono obbligata a uscire, a fare qualcosa, a non chiudermi in me stessa. A dirla tutta, questo atteggiamento mi ha aiutato: ho anche ricominciato a vedere qualche ragazzo. Uno di questi era una persona a me già molto cara, con la quale avevo sempre pensato ci sarebbe stato un feeling in più, anche andando oltre l'amicizia. Così abbiamo provato.
Era, però, troppo presto, io non ero pronta, ero ancora troppo piena di dolore, di risentimento e di rabbia. Non sono riuscita a lasciarmi andare né a dedicargli il mio tempo, che invece spendevo per me stessa, per recuperare la mia autostima e la mia identità, per il mio lavoro e le mie passioni. Non è una giustificazione, ma avevo realmente bisogno di dedicarmi a me stessa. Con lui stavo bene, ma era la persona giusta al momento sbagliato. Non è scattato niente dentro di me.

ESERCIZIO

Non avere fretta

Scrivi qui quello che vorresti risolvere e guarire, dentro e fuori di te, prima di lanciarti in una nuova relazione.

CARA LUPA

Il tuo racconto

Non conosco la tua storia, ma puoi raccontarmela per sfogarti e piangere tutte le lacrime che ti servono.

Pubblicato per
MONDADORI ELECTA
da Mondadori Libri S.p.A.

Progetto grafico e copertina: Bebung
Elementi grafici: © Shutterstock (p. 101, pp. 4-5 e ricorrenti)

ISBN 978-88-918-4353-1
Prima edizione: gennaio 2025

Questo volume è stato stampato presso
Elcograf S.p.A., via Mondadori 15, Verona
Stampato in Italia – Printed in Italy